AUTORES:

JOSÉ MARÍA CAÑIZARES MÁRQUEZ
CARMEN CARBONERO CELIS

## COLECCIÓN: MANUALES PARA PADRES SOBRE ACTIVIDAD FÍSICA, SALUD Y EDUCACIÓN EN LOS NIÑ@S

## MANUAL DE COEDUCACIÓN E IGUALDAD SEXUAL

**COLECCIÓN MANUALES PARA PADRES SOBRE ACTIVIDAD FÍSICA, SALUD, Y EDUCACIÓN EN LOS NIÑ@S**

# MANUAL DE COEDUCACIÓN E IGUALDAD SEXUAL.

### AUTORES

#### José Mª Cañizares Márquez

- Catedrático de Educación Física
- Tutor del Módulo del Practicum del Master de Secundaria
- Especialista en preparación de opositores
- Autor de numerosas obras sobre Educación y Preparación Física

#### Carmen Carbonero Celis

- D. E. A. en Instituciones Educativas
- Licenciada en Pedagogía
- Maestra de Primaria y Secundaria en centros de Educación Compensatoria
- Didacta presencial del Módulo de Pedagogía General en el CAP
- Profesora de Pedagogía Terapéutica en Centro Educación Primaria

**Título:** MANUAL DE COEDUCACIÓN E IGUALDAD SEXUAL.

**Autores:** José Mª Cañizares Márquez y Carmen Carbonero Celis
**Editorial:** WANCEULEN EDITORIAL

**Sello Editorial:** WM EDICIONES

**Dirección Web:** www.wanceuleneditorial.com, www.wanceulen.com,

**Email:** info@wanceuleneditorial.com

**I.S.B.N. (PAPEL):** 978-84-9993-578-2

**I.S.B.N. (EBOOK):** 978-84-9993-602-4

**©Copyright:** WANCEULEN S.L.

**Primera Edición:** Año 2017

**Impreso en España**

**WANCEULEN S.L.** C/ Cristo del Desamparo y Abandono, 56   41006 SEVILLA

Reservados todos los derechos. Queda prohibido reproducir, almacenar en sistemas de recuperación de la información y transmitir parte alguna de esta publicación, cualquiera que sea el medio empleado (electrónico, mecánico, fotocopia, impresión, grabación, etc), sin el permiso de los titulares de los derechos de propiedad intelectual. Cualquier forma de reproducción, distribución, comunicación pública o transformación de esta obra solo puede ser realizada con la autorización de sus titulares, salvo excepción prevista por la ley. Diríjase a CEDRO (Centro Español de Derechos Reprográficos, www.cedro.org) si necesita fotocopiar o escanear algún fragmento de esta obra.

# ÍNDICE

**INTRODUCCIÓN** ..................................................................................... 7

**1. LA COEDUCACIÓN E IGUALDAD DE SEXOS EN EL CONTEXTO ESCOLAR Y EN LA ACTIVIDAD DE EDUCACIÓN FÍSICA.** ................................. 9

    1.1. Evolución histórica. ........................................................... 10

    1.2. Tipos de escuelas. .............................................................. 15

**2. ESTEREOTIPOS Y ACTITUDES SEXISTAS EN LA EDUCACIÓN FÍSICA.** ......... 16

    2.1. El currículum oculto. ........................................................... 18

**3. INTERVENCIÓN EDUCATIVA.** .......................................................... 20

**CONCLUSIONES** ................................................................................. 27

**BIBLIOGRAFÍA** .................................................................................... 28

**WEBGRAFÍA** ....................................................................................... 30

## INTRODUCCIÓN

La inclusión de la coeducación en el Sistema Educativo en general y en el currículum de la Educación Primaria en particular, se apoya en argumentos legales y en razones de tipo social, sobre todo a partir de la publicación de la LOGSE.

Desde diversos colectivos, sindicatos, Centros de Profesorado, Movimientos de Renovación Pedagógica, etc. se han venido haciendo esfuerzos desde hace décadas para paliar las tendencias sexistas en la escuela con cursos, experiencias de reflexión y autoformación, etc. A ello se han sumado acciones institucionales que han hecho posible cambios en la actual legislación educativa española, que incluye el **principio** de igualdad de oportunidades entre los sexos y la incorporación en el currículo de este principio como un eje o tema transversal. Como ejemplos citamos el "Día Internacional de la Mujer", cada 8 de marzo; el "Día Internacional contra la violencia hacia las mujeres", el 25 de noviembre y las campañas anuales del "Juego y juguete no sexista, no violento". También debemos señalar el apoyo que presta, en todos los sentidos, el Instituto Andaluz de la Mujer.

El **I Plan de Igualdad** entre Hombres y Mujeres en Educación, que es un Acuerdo tomado el 02/11/2005 por el Consejo de Gobierno de la Junta de Andalucía, recoge medidas para corregir estereotipos y actitudes sexistas en el ámbito escolar (Marín, 2007). Como medida importante del Plan está la creación, en los centros públicos, de los **Responsables de Coeducación** para establecer el diagnóstico sobre el tema y coordinar las actividades que sirvan para el desarrollo de las actuaciones en sus propios centros y la incorporación, más adelante, de personas expertas en materia de género en los Consejos Escolares para que asesoren a la comunidad educativa, de acuerdo con lo establecido en la Ley Integral de Medidas contra la Violencia de Género, Ley Orgánica 1/2004, de 28/12/04 (VV. AA., 2006). También debemos citar el *Acuerdo de 16 de febrero de 2016, del consejo de Gobierno, por el que se aprueba el **II Plan Estratégico** de Igualdad de Género en educación 2016-2021.* BOJA nº 41, de 02/03/2016. Señala la creación de la creación de la Red Andaluza de Centros Igualitarios y Coeducativos, para aquellos centros que voluntariamente quieran participar, profundizando en sus Planes de Igualdad de Género, fomentando el intercambio de experiencias y buenas prácticas entre los centros e impulsando la cultura de la evaluación y diagnóstico con perspectiva de género, así como reconocimiento como centro promotor de igualdad y coeducación de los centros de la Red Andaluza de Centros Igualitarios y Coeducativos con buenas prácticas así evaluadas.

La **ley orgánica 3/2007, de 22 de marzo, para la igualdad efectiva de mujeres y hombres**, recoge en el Capítulo II los criterios de orientación de las políticas públicas en materia de educación, cultura y sanidad. También citamos la **Ley 12/2007, de 26 de noviembre, para la promoción de la igualdad de género en Andalucía**.

Existen actitudes y comportamientos que, aunque sea de forma inconsciente, **transmiten** distintos mensajes según a quienes vayan dirigidos, que se ven **reforzados** por el contenido, lenguaje e imágenes de muchos materiales curriculares, incluso la elección profesional está condicionada, entre otros factores, por el entorno social y familiar, las expectativas de vida, la ambición personal y el nivel de autoestima (Trigo y Piñera, 2000).

Por ello, entendemos, se hace necesaria la **intervención** a través de una orientación desde las primeras etapas educativas, que posibilite que las personas puedan **elegir libremente**, en función de sus capacidades y preferencias, sin ninguna imposición social preestablecida, evitando así que en el momento de la elección académica y profesional nos limitemos a reproducir las divisiones tradicionales.

A lo largo del Tema veremos las causas que han provocado la discriminación hacia las chicas, qué características morfo-funcionales tienen con respecto a los chicos, -aunque en las edades de Primaria no tiene tanta relevancia- y cómo podemos intervenir desde la coeducación que promulga el Sistema Educativo.

## 1. LA COEDUCACIÓN E IGUALDAD DE SEXOS EN EL CONTEXTO ESCOLAR Y EN LA ACTIVIDAD DE EDUCACIÓN FÍSICA.

Este punto lo extractamos de M.E.C. (1987), M. Cultura e Instituto de la Mujer (1988), Vázquez y Álvarez -coord.- (1990), M.E.C. (1992), C.E.C. (1992), Subirats (1995), Vázquez (1996), VV. AA. (1996), Trigo y Piñera (2000), Vázquez (2000), Lasaga y Rodríguez (2006), VV. AA. (2006), Blanco (2007) y Piedra (2016).

El D.R.A.E. define la **coeducación** como *"educación que se realiza conjuntamente a niños y niñas, la cual supone igualdad entre los sexos"*. **Sexo** es el conjunto de funciones atribuidas a mujeres u hombres y determinadas por la biología. **Género**, en cambio, es el conjunto de características atribuidas a mujeres u hombres en función de la cultura propia.

La **Escuela Coeducativa** implica no sólo educar conjuntamente a niños y niñas, tal y como sucede en el modelo mixto, sino que además debe procurar proporcionar los medios y condiciones para que todos y todas tengan las **mismas oportunidades** reales, en cuanto miembros de sus grupos, procurando **corregir** los sesgos sexistas y facilitando el acceso a un currículum equilibrado, en el que se respeten y potencien las cualidades individuales sea cual sea el género.

El carácter sexista de la enseñanza ha sido manifiesto en el Área de Educación Física, en la que hasta tiempos recientes la selección de los contenidos estaba muy definida:

**Profesora → niñas**: gimnasia rítmica, flexibilidad, danza...

**Profesor → niños**: carreras, deportes, saltos...

Si queremos potenciar y llevar a cabo una educación más igualitaria debemos fundamentar la enseñanza de la actividad física y deportiva en unos **objetivos** de trabajo que giren en torno al **cuerpo** y el **movimiento** como desarrollo pleno de la **personalidad**. Se trata de ofrecer un modelo educativo que, en el caso de la actividad física, tenga como finalidades: la búsqueda y promoción de la salud y el bienestar corporal, su adaptación al medio físico y social, el desarrollo y adquisición de habilidades motrices, la estética corporal, la función lúdica, expresiva y comunicativa, así como el conocimiento y control del propio cuerpo.

Si lo que estamos trabajando es, por ejemplo, el deporte, **chicas y chicos pueden incorporarse** a él a través de la identificación con dicha práctica deportiva en las que puede conjugarse tanto los valores considerados masculinos (impulsividad, protagonismos, dominancia, etc.) como los femeninos (expresividad, cooperación, solidaridad, etc.)

El **área** de Educación Física es uno de los **marcos ideales** donde promover estas ideas, puesto que el gran centro de interés es el cuerpo, su expresión y comunicación; además de ser las escuelas los lugares donde se conforman las actitudes básicas con las que nuestros chicos y chicas deberán incorporarse a la vida social, familiar y profesional del futuro.

El D. 85/1999, de 6 de abril, por el que se regulan los **derechos y deberes del alumnado** y las normas de convivencia, indica en el **artículo 5º** que la Comisión de Convivencia debe desarrollar iniciativas que eviten la discriminación del alumnado, incluso estableciendo planes de acción positiva para la integración. El **artículo 8º** establece el "derecho a la igualdad de oportunidades", que se promoverá a través de la no discriminación por razón de sexo (entre otras). Además, se crearán medidas compensatorias que garanticen la igualdad real de oportunidades. El **artículo 23º**, trata del "deber de respetar la diversidad", por lo que no debe haber ninguna discriminación de raza, sexo o cualquier otra circunstancia personal o social.

## 1.1. EVOLUCIÓN HISTÓRICA.

La coeducación como intervención escolar para producir cambios hacia una mayor igualdad entre hombres y mujeres, tiene en nuestro país y en Andalucía una historia que está íntimamente ligada a la evolución que el propio concepto de igualdad ha ido adquiriendo (VV. AA., 2006 b).

La educación de la mujer se ha considerado históricamente con un criterio realista, como reflejo de la relación de fuerzas entre hombre y mujer en el entramado social, que es lo mismo que decir con un criterio de discriminación e infravaloración (García Ferrando, 1997). La presencia de mujeres y hombres en el mundo se ha interpretado como inferioridad o complementariedad de las mujeres con respecto a los hombres. Esta forma de entender la diferencia de los sexos ha llevado consigo la discriminación de las mujeres en la vida cultural, económica y social y su posición de subordinación con respecto a los hombres (Alonso, 2010).

Bosch, Ferrer y Gili (1999), indican que el pecado original sirvió para justificar durante la antigüedad y Edad Media la necesidad de obediencia, silencio y confinamiento de las mujeres debido a su falta de discernimiento –ya que fue Eva quien hizo caer a Adán en el engaño-, por ello se desaconsejaba la instrucción de las mujeres y se sostenía su **inferioridad**.

- **Antecedentes históricos**

A lo largo de los siglos se han ido conformando una serie de falsas concepciones sobre el desarrollo físico de la mujer. En la época de Platón y Aristóteles, la mujer no podía practicar actividad física ni acceder a los sitios donde se practicaba. En cambio, en Esparta se les daba la misma educación que a los niños, si bien con éstos los ejercicios tenían una finalidad militar y con ellas unos fines eugenésicos (mejora de la raza humana).

- **Siglo XVIII**.

El "siglo educador" ve en las reformas educativas la solución de todos los problemas que aquejan al hombre. Se deseaba poner la educación al día, tanto en métodos como en contenidos y extenderla al mayor número posible de ciudadanos, sin embargo se debate todavía la posibilidad de **dar o no educación a las niñas** (Subirats y Brullet, 1988). Las bases del actual sistema educativo comienzan a construirse en Europa a mediados del siglo XVIII. El concepto educativo entonces entendía que entendía que hombre y mujer tenían destinos sociales distintos, por lo que así debería ser su educación. No obstante, poco a poco se va imponiendo una idea de educación más igualitaria y ya a éstas se les daban clases de música, dibujo, etc. La justificación pedagógica de la limitación de la mujer a la educación viene dada, entre otros, por J. J. Rousseau quien plantea y justifica unos principios de educación diferenciada expuestos en el "Emilio" y en el "Sofía", donde expresa que el destino de la mujer es el de servir al hombre…

Las leyes educativas españolas de los siglos XVIII y XIX indican que ambos sexos deben educarse en colegios distintos con enseñanzas diferenciadas. Las niñas, en este sentido, son más perjudicadas habida cuenta se las enseña básicamente a rezar y coser.

- **Siglo XIX**.

La educación recibe un serio impulso en diversas direcciones. Ya en 1821 se legisla que deben saber leer, escribir y contar, cuestiones que antes eran patrimonio exclusivamente masculino. Tras la revolución francesa e industrial nuevas ideas se extienden por todas partes. Se pretende **educar** al mayor número posible de individuos y conseguir así una **eficacia** mayor en el trabajo y la elevación social de las clases populares. En España, a partir de las Cortes de Cádiz, la cuestión pedagógica aparece como uno de los problemas fundamentales que hay que plantear. La enseñanza primaria se implanta en la escuela pública, manteniendo una total **diferenciación de género** masculino y femenino. A principios de siglo la educación femenina está en manos de **congregaciones religiosas**.

En 1857 se promulgó la "Ley Moyano", implantando la obligatoriedad de la enseñanza primaria para la totalidad de la juventud española. Concedió el derecho legal de las niñas a una educación académica e impulsó la creación de escuelas normales de Maestras (Madrid 1858), para mejorar el aprendizaje de las niñas, aunque su efectividad estuvo reducida.

En 1876 un grupo de profesores y catedráticos de Instituto y Universidad crearon la "**Institución Libre de Enseñanza**". Encabezados por Giner de los Ríos sienten la necesidad de renovar la educación en España. La "Institución" realizó un constante ensayo de los más variados métodos pedagógicos, **creó clases mixtas** y prestó una gran atención a las **actividades deportivas**. Desde 1876 hasta la guerra civil de 1936, la I.L.E. se convirtió en el centro de gravedad de toda una época de la cultura española y en cauce para la introducción de las más avanzadas teorías pedagógicas y científicas que se estaban desarrollando fuera de nuestras fronteras.

En el "Congreso de Pedagogía Hispano-Portugués-Americano" (1892), participan Concepción Arenal y Emilia Pardo Bazán. Ésta, que es considerada hoy día la primera defensora de los derechos de la mujer en España, asumió la necesidad de que las mujeres accedieran a la **educación en igualdad de condiciones** que los hombres.

- **Siglo XX**.

En los últimos años del siglo XIX y primeras décadas del XX, se registra un auténtico movimiento de **renovación** pedagógica. Aparecen las primeras "escuelas nuevas" preocupadas por remediar los defectos de la educación tradicional e inspirada en la Psicología y las ideas democráticas, como la Escuela Moderna de Ferrer i Guàrdia. Uno de sus **principios** se basa la **coeducación**. Los gobiernos totalitarios de Alemania, Italia y España **suprimieron** estas manifestaciones por ser irreconciliables con su doctrina.

En nuestro país, con la **República**, se ponen en práctica los principios de la Escuela Nueva y se avanza en la consolidación de una educación **integral** para la mujer. Ya en 1910 se había **autorizado el acceso** de las mujeres a la Universidad. Las primeras escuelas mixtas se instauran en 1918.

Entre 1936-39 la Guerra Civil **interrumpe** esta evolución. Terminada ésta, se impuso de nuevo el **estereotipo masculino-femenino en educación**. Se prohíbe, entre otras cosas, la coeducación y se introducen **asignaturas específicas** para uno y otro sexo. En 1945 se ordena la separación de los dos sexos, tanto para alumnos como para enseñantes: el profesorado imparte clase sólo a alumnado de su propio sexo. Hay que esperar hasta 1970 para que la Ley General de Educación establezca la posibilidad de la escuela mixta, aunque no coeducativa (VV. AA., 2006).

En todo este proceso la Educación Física de la mujer estuvo **condicionada** por las normas de la moral sexual tradicional, y se orientó teniendo en cuenta casi exclusivamente la **función reproductora**.

Aún cuando se aceptaba la necesidad de la Educación Física para la mujer, seguían vigentes estereotipos sobre la feminidad que impedían la práctica de determinados ejercicios porque eran considerados poco femeninos. Se tenían más en cuenta los aspectos físicos, estéticos y expresivos que los instrumentales. Así, la **gimnasia** sueca y rítmica potenciaba la **feminidad**. Por el contrario, los **deportes** fomentaban la **masculinidad**. Eso determinaba que los currícula escolares fueran diferentes (VV. AA., 2006).

Durante el Régimen militar español (1939-1974), ciertas especialidades deportivas estaban **vetadas** para las mujeres: ciclismo, lanzamiento de peso, salto con pértiga, boxeo, etc. Por ejemplo, hasta 1960 estuvo prohibido el atletismo femenino por el peligro de masculinización que suponía (Lasaga y Rodríguez, 2006). Poco a poco las federaciones fueron admitiendo a las chicas en su organización, por ejemplo el boxeo profesional se instaura en el año 2000.

Por todo ello, podemos afirmar que nuestro Sistema Educativo tuvo desde su origen las mismas ideas sociales: mujeres y hombres tenían "encomendados" tareas distintas y jerárquicamente ordenadas, por lo cual los modelos de educación escolar eran distintos (Piedra, 2016).

La coeducación en la clase de Educación Física es un hecho a partir de 1979 aproximadamente, en los institutos estatales. Hoy día ciertos colegios privados tienen en sus idearios la admisión exclusiva de alumnos de un único sexo.

Si la clase de Educación Física no quiere seguir siendo reproductora de estereotipos, ha de basarse en planteamientos que **eviten el sexismo** y que, al lado de la eficiencia física, busquen sobre todo las **vivencias personales**.

Además, desde un **prisma deportivo**, el **acceso** de la mujer ha sido **tardío** y lleno de **dificultades**, han tenido que ir superando barreras creadas por moldes sociales y culturales en todos los ámbitos.

El protagonismo deportivo, desde los primeros tiempos, ha estado tutelado por el varón. Raro era en las antiguas olimpiadas la participación de las mujeres. A principios del siglo XX algo empezó a cambiar a través del golf, equitación, tiro con arco y tenis. Fue la mujer burguesa, a modo de privilegio, quien lo inició para mantener relaciones sociales. El concepto médico de la época no aconsejaba la práctica deportiva por ser "contraria a la finalidad de la mujer: la maternidad". Los **valores** de la **feminidad** estaban basados en "**el hogar y la familia**".

En la España democrática, la aspiración de la igualdad entre ambos sexos se encuentra reflejada en la legislación vigente. Específicamente la **Constitución** de 1978, en sus artículos 14 y 9.2, **prohíbe** expresamente cualquier tipo de discriminación por razón de sexo y establece la obligación que corresponde a los poderes públicos de promover las condiciones para que la igualdad de las personas sea real y efectiva.

En nuestra Comunidad, el **Estatuto de Autonomía** para Andalucía establece la obligación de la Administración de promocionar la efectiva **igualdad** del hombre y la mujer, promoviendo la plena incorporación de ésta a la vida social y superando cualquier discriminación laboral, cultural, económica o política. Con el objeto de dar respuesta a estas responsabilidades, la Administración andaluza ha tomado numerosas iniciativas, entre las cuales caben destacar la creación del Instituto Andaluz de la Mujer (Ley 10/1988 de 29 de diciembre) y el Plan de Igualdad de Oportunidades de Andalucía (1990) que, a través de una serie de medidas, pretende conseguir unos niveles básicos de no discriminación, incidiendo en los ámbitos jurídico, educativo, cultural, formación para el empleo, salud y servicios sociales.

También la L.O.G.S.E., en su artículo 2.3c, explicitaba la formación educativa en la igualdad de sexos. En el artículo 57.3, hablando de los materiales didácticos, se propone la superación de todo tipo de estereotipos discriminatorios, subrayándose la igualdad entre los dos sexos. Lo mismo podemos decir de varios párrafos contenidos en el antiguo D. 105/92.

- **Siglo XXI**.

Ya en pleno siglo XXI las barreras casi han desaparecido, sobre todo en la escuela pública, aunque en algunos ámbitos han cambiado el **veto** por la "**disuasión**". No obstante, en la escuela privada algunos centros únicamente admiten al alumnado en función de su sexo.

Cuando hablamos de la necesidad de tener en cuenta que en la escuela hay niñas y niños, no nos estamos refiriendo a que ambos sean complementarios, o dos mitades de una misma cosa, sino que, simplemente, son dos sujetos diferentes. Esta diferencia es una realidad primera, inevitable, pues nacemos mujer u hombre, es una cualidad que incide en la relación de las personas con el mundo: "**distinguir sin separar**".

También podemos comprobar cómo numerosos aspectos sexistas típicos de épocas anteriores "casi" han desaparecido, por ejemplo las **imágenes de los libros de texto**, su **lenguaje**, contenidos, **tendencias**, etc. No obstante, hay que seguir tratándolo porque aún quedan numerosos rasgos por erradicar, sobre todo en determinados contextos. La **Igualdad** es garantía de respeto, solidaridad y reconocimiento (VV. AA. 2006).

No obstante, surgen "**nuevas formas**" basadas, sobre todo, en el mal uso de **Internet** y de las TIC/TAC, sobre todo de **redes sociales**: acoso, seguimiento, desconsideraciones y falta de respeto, etc. son cada vez más detectadas (Piedra, 2016). Es más, en muchas ocasiones las chicas **no son ni conscientes** del acoso al que se ven sometidas. Podemos ver un ejemplo muy clarificador en las **tendencias clasistas**, como es el **tipo de juguete y su color** que existen en portales de juguetes y buscadores: teclea "toy boy / toy girl", o en castellano: juguete chico / chica.

En Andalucía se aprueba el I Plan de Igualdad entre hombres y Mujeres en Educación. Éste viene desarrollado por la O. de 15 de mayo de 2006, por la que se regulan y desarrollan las medidas previstas en el citado Plan. Así, en cada centro escolar existe un docente encargado de favorecer la convivencia, respeto y aceptación por parte de ambos sexos. La intervención global en el marco educativo que pretende este I Plan viene marcada por **tres principios de actuación: Visibilidad** o hacer visibles las diferencias entre chicos y chicas, para facilitar el reconocimiento de las desigualdades y discriminaciones; **Transversalidad**, que supone la inclusión de la perspectiva de género en la elaboración, desarrollo y seguimiento de todas las actuaciones que afecten, directa o indirectamente, a la comunidad educativa; **Inclusión**, donde las medidas y actuaciones educativas se dirigen al conjunto de la comunidad, porque educar en igualdad entre hombres y mujeres requiere una intervención tanto sobre unos y como sobre otras para corregir así los desajustes producidos por cambios desiguales en los papeles tradicionales, conciliar intereses y crear relaciones de género más igualitarias. En efecto, los cambios políticos y sociales de las últimas décadas han repercutido de forma

La **Ley Orgánica 3/2007**, de 22 de marzo, para la igualdad efectiva de mujeres y hombres, recoge en el art. 23, que el sistema educativo incluirá entre sus fines la **educación en el respeto** de los derechos y libertades fundamentales y en la **igualdad de derechos y oportunidades** entre mujeres y hombres.

La **Ley 12/2007**, de 26 de noviembre, para la promoción de la igualdad de género en Andalucía, indica entre otras cuestiones, que las acciones que realicen los centros educativos de la Comunidad Autónoma contemplarán la perspectiva de género en la elaboración, desarrollo y seguimiento de sus actuaciones.

Tanto la Ley Orgánica 2/2006, de 3 de mayo, de Educación (L. O. E.) como la Ley 17/2007, de 10 de diciembre, de Educación de Andalucía (L. E. A.), reconocen como uno de sus principios el de "promoción de la igualdad efectiva entre hombres y mujeres en los ámbitos y prácticas del sistema educativo". La LOMCE/2013, lo corroboró.

El **Ministerio de Igualdad**, creado en 2008, le corresponde la propuesta y ejecución de las políticas del Gobierno en materia de igualdad, eliminación de toda clase de discriminación de las personas por razón de sexo, origen racial o étnico, religión o ideología, orientación sexual, edad o cualquier otra condición o circunstancia personal o social, y erradicación de la violencia de género, así como en materia de juventud. Le corresponde, pues, la elaboración y desarrollo de las normas, actuaciones y medidas dirigidas a asegurar la igualdad de trato y de oportunidades, especialmente entre mujeres y hombres, y el fomento de la participación social y política de las mujeres. Este ministerio se integra en octubre de 2010 en la estructura del de **Sanidad**.

El D. 328/2010, de 13 de julio, por el que se aprueba el Reglamento Orgánico de los colegios de educación infantil y primaria, y de los centros públicos específicos de educación especial, BOJA nº 139, de 16/07/2010, indica en su artículo 2 "respetar la igualdad entre hombres y mujeres", como uno de los deberes del alumnado.

El **Acuerdo** de 16 de febrero de 2016, del consejo de Gobierno, por el que se aprueba el **II Plan Estratégico** de Igualdad de Género en Educación 2016-2021.

Se basa en cuatro **principios** fundamentales: **Transversalidad; Visibilidad; Inclusión; Paridad**.

Tal es la importancia que ha cobrado la igualdad de oportunidades en nuestra área que la O. N. U. (2007) afirma que para alcanzar una igualdad efectiva en el deporte y la Educación Física son necesarios el establecimiento de políticas y programas de fomento del deporte, aumento del profesorado femenino de la especialidad y una formación de género del profesorado (Piedra, 2010).

## 1.2. TIPOS DE ESCUELA.

**No** podemos **confundir** la "escuela **coeducativa**" con la "escuela **mixta**". Si coeducación es un mismo tipo de enseñanza para todo el grupo sin tener en cuenta el sexo del alumnado, la escuela mixta imparte una educación distinta para cada género aunque convivan en la misma aula (Subirats, 2009).

En este sentido, la coeducación no resulta sólo del hecho material de la educación conjunta de chicos y chicas, "escuelas mixtas", sino de promover **igualdad de trato** en ambos sexos. Por todo ello, señalamos a tres modelos de escuela (Trigo y Piñera, 2000 y Lasaga y Rodríguez, 2006):

- **Escuela tradicional o "segregacionista":**
    - Los roles están separados. Cada colegio es exclusivo para niñas o niños. Currículum distinto.
    - Tuvo su auge durante gran parte del régimen militar (1940 -1976 aproximadamente).
    - Hoy día en España, siglo XXI, es minoritaria y de índole totalmente privada.

- **Escuela mixta:**
    - **Coexistencia** de niños y niñas en el centro y/o en las aulas.
    - Un **mismo currículum** que, a pesar de todo, sigue **potenciando** modelos masculinos y femeninos de educación tradicionales, por lo que **no** hay un verdadero trato igualitario.
    - Para algunos autores esta situación se hereda del pasado. No olvidemos que todavía en los años 70 y 80 del pasado siglo las niñas se **separaban** en educación física para que una profesora les diera la clase y los chicos iban por otro lado para que les diera la clase un profesor. Es decir, se dividía a niñas y niños como si de dos categorías sociales se tratase.
    - En la escuela mixta no hay un modelo nuevo, sino que habitualmente se opta por el **masculino** como **universal**.

- **Escuela coeducativa:**
    - La escuela coeducativa pretende superar esta discriminación histórica y potencia los aspectos positivos de la educación sin estereotipos, fomentando su reflexión.
    - Propone un currículum que elimine las actitudes sexistas presentes en sociedad y familia.
    - Incrementa las cualidades individuales por encima de la distinción niñas/niños.
    - Proporciona una igualdad real de oportunidades.
    - Supone **no aceptar** el modelo masculino ni femenino como universal, **corregir** los estereotipos sexistas, formular un **currículo equilibrado** que elimine los sesgos sexistas presentes en la sociedad y desarrollar todas las capacidades individuales con independencia del género.
    - Coeducar en Educación Física es **revalorizar** las prácticas físicas pertenecientes al modelo cultural femenino, dedicarles el tiempo

suficiente en el proceso de enseñanza aprendizaje y valorarlas en todos sus aspectos motores y vivenciales. También **modificar**, siempre que sea necesario, las reglas de los juegos y los deportes para permitir una participación más equitativa entre chicos y chicas. Es buscar, confeccionar, diseñar **materiales alternativos** y poco conocidos donde las habilidades de unas y otros parta de un nivel de experiencia motriz más parejo.

- Distingue puntualmente y cuando sea necesario los grupos, y **refuerza** a chicos y chicas en aquellas actividades en las que muestren más dificultades.

- Supone desarrollar todas las capacidades y favorecer las actividades aceptadas como **positivas**, con independencia del sexo al que tradicionalmente hayan sido asignadas.

Por todo ello, la coeducación en Educación Física debe contemplar un modelo educativo donde las intenciones y la **finalidad sea el conocimiento corporal y la mejora psico-física** y, en consecuencia, la mejor **calidad de vida**, pero **socializando** al alumnado en comportamientos de **respeto, solidaridad, equilibrio y justicia**. Todos los contenidos de la Educación Física son instrumentos valiosos (la danza, el deporte, los juegos, las actividades en la naturaleza, la expresión corporal), siempre que se pongan al servicio de estos objetivos. Todas las actividades pueden contener en sí mismas elementos positivos pero son ellas las que deben ajustarse a las necesidades de chicos y chicas y no al contrario (Alonso, 2010).

## 2. ESTEREOTIPOS Y ACTITUDES SEXISTAS EN LA EDUCACIÓN FÍSICA.

**Estereotipo** es una imagen aceptada genéricamente por la sociedad o parte de ella. Tiene un carácter **inmutable** en la mayoría de las ocasiones. **Sexismo** es el término que se usa en ciencias sociales para designar las actitudes que introducen la desigualdad y la jerarquización entre los sexos.

Los estereotipos de género son construcciones sociales que forman parte del mundo de lo simbólico, ideas simples pero muy ancladas en la conciencia que escapa al control de la razón (Piedra, 2010).

Antes de centrarnos en los estereotipos específicos de Educación Física es preciso que mencionemos aquellos que, por regla general, aún están vigentes en nuestro **contexto** social y que influyen significativamente en las escuelas y en las clases de Educación Física.

a) **Aspectos biologistas**.

En esta interpretación del cuerpo, la mujer aparece con unas características definidas ligadas a su sexo genético y propiciado por la naturaleza para que realice su función biológica esencial: la **transmisión** de la **vida**.

Las mujeres obtienen unos resultados aproximadamente del 14 por ciento más bajos que los hombres en las pruebas atléticas. La razón está en las diferencias morfológicas y funcionales entre los sexos. De forma resumida podemos observar, según López Chicharro (2002):

Mayor cantidad de tejido óseo y muscular en el hombre y más adiposo en la mujer. Por regla general, morfológicamente la mujer es de menor talla y su estructura a nivel de pelvis y pecho, la hace menos hábil desde un punto de vista físico. A ello se le une una menor capacidad cardiorrespiratoria. En cambio, suele tener más coordinación y mucha más flexibilidad que el hombre (Lasaga y Rodríguez, 2006).

González Badillo y Gorostiaga (2002), achacan la menor fuerza en la mujer con respecto al hombre en que ellas tienen un 10% menos de talla, de porcentaje de masa muscular, de tamaño de las fibras, así como una concentración sanguínea basal de testosterona más baja.

Estos datos hacen que gran parte de la sociedad tenga un **estereotipo biologista** de la mujer.

Deseamos matizar que en las edades propias de la Etapa Primaria, las características morfofuncionales están muy **equilibradas** entre ambos sexos. Podemos afirmar, incluso, que en el **tercer ciclo** las **chicas** poseen más fuerza y estatura que los chicos debido a que su **pubertad** tiene un **adelanto** de dos años con respecto a ellos. Lasaga y Rodríguez (2006), basándose en estudios de Nelly, Keough y Suden y Cratty, estiman la igualdad en ambos sexos a partir del estudio del desarrollo motor durante el periodo escolar: control corporal, motricidad global, analítica, lúdica y cognitiva, así como las capacidades físicas no muestran diferencias entre niñas y niños.

b) **Estereotipos sociales**.

Algunos de los indicadores que nuestra sociedad reproduce formando los estereotipos sexuales y que niñas y niños extrapolan desde el contexto socio-familiar al escolar, la mayoría de las veces **inconscientemente**, y que los docentes debemos **corregir** en pos de la **no discriminación**, son (Trigo y Piñera, 2000): el color rosa se relaciona con la niña y el azul con el niño; juguetes de coches, balones, etc. son propios de niños y muñecas, cocinas, etc. de niñas. También ocurre lo mismo con los juegos, mientras el niño escoge los de tipo deportivo, las niñas optan por los de tipo "casitas". Decir niña es sinónimo de coordinación y fragilidad, mientras que niño lo es de agresividad y fuerza. En la actualidad, parece ser que estas actitudes van perdiendo peso en pos de una mayor igualdad de género y una atención cada vez más coeducativa, así como la eliminación de roles sexistas a favor de una corresponsabilidad de funciones.

Siguiendo a García Ferrando (1997), edad y sexo son los factores que más influyen entre los practicantes de deportes en España. El número de chicos duplica al de las chicas. Influyen elementos socio-culturales, familiares, gustos, expectativas, tradiciones, etc.

**Los chicos no quieren acceder al mundo de las chicas** porque no sólo les da ningún prestigio, sino que además fácilmente les **quita valor** ante ellos mismos y la sociedad. Suele decirse que los estereotipos sexistas son "corsés culturales" para mujeres y hombres.

Así pues, en los centros podemos encontrarnos con una serie de modelos que van a **dificultar** nuestra tarea, pero no debemos dejarnos vencer por ellos. Nuestro trabajo debemos enfocarlo a la consecución de la **integración** del alumnado por igual, máxime en los tiempos actuales donde aparece en muchos sitios de Andalucía un tipo de discriminación añadida a la sexista, la **racista**.

c) **Estereotipos sexistas**.

Fernández García -coord.- (2002), indica que en otras áreas puede plantearse la coeducación con un buen grado de aceptación del alumnado y profesorado. En cambio, en educación física suele haber varias resistencias. Establece dos grupos de factores:

- **F. Curriculares**.
  - **Reduccionismo**. Limitan el acceso de las alumnas al desarrollo de la condición física y los deportes de cooperación-oposición.
  - **Androcentrismo**. La influencia androcéntrica en los currícula formativos del profesorado especialista influye negativamente en los contenidos impartidos a chicas.

- **F. Culturales**.
  - **Prejuicios**. Expresiones populares relacionadas con la actividad física, que discriminan a la niña, están aún hoy día en uso.
  - **Tradiciones**. En muchas zonas siguen practicándose juegos de "niñas y niños".
  - **Valoraciones sociales**. Actividades relacionadas culturalmente con lo masculino están más valoradas que las femeninas por motivos económicos, periodísticos, etc.

## 2.1. CURRÍCULUM OCULTO.

Si entendemos por currículo el conjunto de experiencias y oportunidades de aprendizaje que ofrece u omite (currículum ausente) la escuela al alumnado y los contenidos que la enseñanza transmite (competencias clave, objetivos, contenidos, metodología y evaluación), hay un currículo manifiesto, formal u oficial establecido por la legislación vigente y otro **no declarado** que se transmite sin pretenderlo: «currículo oculto o latente» y que **reproduce** estereotipos y actitudes sexistas en Educación Física, siendo de gran importancia detectarlo y hacerlo explícito para corregir los posibles sesgos (Piedra, 2016).

El porcentaje de su influencia vendrá dado por las circunstancias que rodean al proceso de aprendizaje del alumnado, a la actitud de maestras y maestros, al modelo de persona que éstos sean, los valores que fomente, etc. (Viciana, 2002).

Los **prejuicios** más comunes y las situaciones habituales en el ámbito de la actividad física escolar referentes al sexo son (Trigo y Piñera, 2000):

- Los chicos son mejores en actividades físicas, porque son superiores físicamente.
- Las niñas son más torpes por naturaleza y son excluidas por los chicos en los juegos.
- Los chicos saben trabajar en equipo, las chicas no, excepto en temas de expresión corporal.
- Muchas de las actividades que les gustan a las niñas, no les gustarán nunca a los niños.
- Muchos deportes que les gustan a los chicos no son buenos para las chicas, porque son más frágiles.

- Las niñas son las que se automarginan, son ellas las que no quieren participar, es inútil trabajar con ellas. Ellas rechazan el esfuerzo físico de intensidad media y alta.

La escuela constituye uno de los espacios de socialización más significativos desde la que podemos liderar profundos cambios en la construcción de actitudes y valores basados en el respeto y la igualdad entre mujeres y hombres, pero para lograrlo es necesario ser conscientes de todas las variables de discriminación que se producen en el denominado currículo oculto, a la vez que incorporamos propuestas tanto didácticas como de gestión, relación u organización que incidan en procesos coeducativos que solo pueden tener lugar desde la escuela mixta (Vieites y Martínez, 2009).

El Área de Educación Física es posiblemente la que más currículum oculto pueda transmitir, casi siempre de forma no consciente, porque está respaldado por conceptos **antropomórficos** profundos como la conciencia y valoración del cuerpo, el lugar de éste en la cultura, usos y técnicas corporales, sexo y edad, etc. transmitidos a través del refuerzo del estereotipo corporal masculino y femenino (Gutiérrez, 1995).

Los elementos **transmisores** del currículum oculto están en el propio **profesorado**: lenguaje y actitudes, porque a través de él se articulan los contenidos de enseñanza y se mantiene la interacción entre alumnado y profesorado; en las consideraciones al mismo; en los contenidos a aprender; en la metodología; en la organización; en la evaluación; en los refuerzos dirigidos a unos y otras; en los modelos o alumno-auxiliar-demostrador; en los recursos materiales y en la participación en actividades extracurriculares, entre otros. Piedra (2010), basándose en estudios de Scharagrodshy (2004), señala que no solo el **lenguaje** invisibiliza los femenino haciendo uso indiscriminado del masculino genérico, sino que además el femenino es usado para reforzar lo negativo.

En los últimos años, la influencia que está teniendo Internet es muy grande y, en muchas ocasiones, determinados portales y redes sociales tienen claros mensajes sexistas que son captados por nuestro alumnado (Castaño, 2009).

Aspecto a destacar es la **evaluación**, que esconde y transmite un repertorio de contenidos culturales por el camino del currículum oculto. Tradicionalmente la evaluación ha planteado un carácter discriminatorio entre chicas y chicos, a pesar de haber adelantado mucho en estrategias de igualdad. Unas veces su origen está en la propia concepción que el maestro se ha formado de la evaluación y en la finalidad y utilidad asignadas a la misma. Otros motivos radican en el alumnado, que ve a la evaluación como una selección de talentos deportivos, una clasificación entre los mejores y peores alumnos. Es decir, se forman una imagen que es ficticia, porque la real es la que entiende a la evaluación como educativa, integradora, de aceptación del propio cuerpo, etc. (Díaz, 2005).

Todos estos elementos se traducen en la **necesidad** de que la educación física en el sistema educativo actual **supere** muchas de las manifestaciones implícitas de carácter discriminatorio por razón del sexo (Vilanova y Soler, 2012).

## 3. INTERVENCIÓN EDUCATIVA.

Para el desarrollo de este punto nos basamos en M. de Cultura (1988), Vázquez y Álvarez -coord.- (1990), M.E.C. (1992), J. de Andalucía (I.A. F.P.P. de la C.E.C.) (1992c), Subirats (1995), Vázquez (1996), VV. AA. (1996), Trigo y Piñera (2000), Vázquez (2000), Jiménez (2002), Solsona y otras (2005), Lasaga y Rodríguez (2006), VV. AA. (2006), Ruiz (2007), Blanco (2007), VV. AA. (2007), Alonso (2008), Piedra (2010) y Alonso (2010).

Tomamos como referencia los **objetivos** del I Plan de Igualdad entre Hombre y Mujeres en Educación (2005), que nos plantea cuatro grandes finalidades:

- Promover prácticas educativas igualitarias.
- Promover cambios en las relaciones de géneros.
- Corregir el desequilibrio de responsabilidades entre el profesorado.
- Facilitar el conocimiento de diferencias entre los sexos.

Maestras y maestros debemos examinar constantemente el modo en el que la elección de los contenidos y actividades privilegia a unos/as alumnos/as sobre los otros/as. Debemos buscar una sensibilización que evite una contribución a los estereotipos vigentes mediante un análisis de las conductas, actitudes y del propio trabajo de los docentes.

También debemos seguir lo expresado por el D. 97/2015, art. 5, d: "*La igualdad efectiva entre mujeres hombres, la prevención de la violencia de género y la no discriminación por cualquier condición personal o social*", es una de las capacidades prioritarias a adquirir durante la etapa.

Nuestro referente legislativo es la L. O. E. (2006). Uno de sus principios es el de la **equidad**, que garantiza la igualdad de oportunidades, la inclusión educativa y la no discriminación.

Una de las **finalidades** de la L. O. E. es la "*educación en el respeto de los derechos y libertades fundamentales, en la igualdad de derechos y oportunidades entre hombres y mujeres...*"

El D. 328/2010, de 13 de julio, por el que se aprueba el Reglamento Orgánico de los colegios de educación primaria, BOJA nº 139, de 16/07/2010, expresa en su artículo 31 que "*se consideran circunstancias que agravan la responsabilidad, las acciones que impliquen **discriminación** por razón de nacimiento, raza, **sexo**, orientación sexual, convicciones ideológicas o religiosas, discapacidades físicas, psíquicas o sensoriales, así como por cualquier otra condición personal o social*".

**Partimos** del R. D. 126/2014, del D. 97/2015 y de la O. de 17/03/2015 para analizar **cómo intervenimos** a través de los elementos curriculares, pero no sólo con la idea de ser algo exclusivo del área de Educación Física, sino como actuación general de toda la **comunidad educativa**.

De modo general, nuestra propuesta general impedirá separaciones en función del sexo, paliando las influencias de los actuales estereotipos que asocian al movimiento expresivo rítmico como del sexo femenino, y la fuerza, agresividad, deporte y competición como masculinos. Debemos tratar a niñas y niños de forma idéntica en los aspectos que se asemejen y diferente en los que se diferencien (Moreno y Martínez, 2011). El fomento de la igualdad de oportunidades en las prácticas físicas, en todo caso debemos plantearlo con **naturalidad** (Zagalaz, Cachón y Lara, 2014).

La "**Guía PAFIC**" (Fernández García, 2010), propone usemos actividades de carácter innovador, musical y recreativo, dando participación a las chicas que no sean tradicionales (arbitrar, organizar, capitanear, etc.), trabajar en equipo...

- **Competencias Clave.** La Coeducación está recogida en la nº 5, "Competencias sociales y cívicas". Hace mención a la valoración de las diferencias a la vez que el reconocimiento de la igualdad de derechos entre los diferentes colectivos, en particular, entre hombres y mujeres.

- **Objetivos de Etapa.**

    b) "*Desarrollar hábitos de trabajo individual y de equipo, de esfuerzo y de responsabilidad en el estudio así como actitudes de confianza en sí mismo, sentido crítico, iniciativa personal, curiosidad, interés y creatividad en el aprendizaje, y espíritu emprendedor*"

    Desde una perspectiva coeducativa, el conocimiento del propio cuerpo ha de realizarse sin establecer una serie de categorías de subordinación de un sexo frente a otro ("sexo débil" o "sexo fuerte"). Más bien se trata de incidir en **valores y posibilidades** del propio cuerpo y en la **cohesión** de los miembros de un equipo, la cooperación entre todos sin distinción.

    Desde la óptica de la coeducación, este objetivo también supone que se ha de desarrollar la **participación de niños y niñas en actividades grupales**, estimulándoles a una **distribución equitativa** de sus funciones dentro del grupo, sin discriminaciones, a priori en función del sexo, y evitando las conductas estereotipadas en las tareas escolares (distribuir objetos, contribuir a la limpieza de la clase. etc.)

    d) "*Conocer, comprender y respetar las diferentes culturas y las diferencias entre las personas, la igualdad de derecho y oportunidades de hombres y mujeres y la no discriminación de personas con discapacidad*".

    Se pretende potenciar el **comportamiento solidario** de niños y niñas, **rechazando discriminaciones basadas en diferencias de sexo**, clase social, creencias, raza u otras características individuales y sociales.

    Igualmente es muy relevante para el enfoque coeducativo estimular que niños y niñas, por igual, participen en la **elaboración y asunción de las normas** de convivencia cotidiana en el centro, valorando en ambos sexos aspectos tales como el respeto a los demás, cuidado del material escolar, conductas de ayuda, etc.

- **Objetivos de Andalucía.**

    La coeducación y los temas la acompañan y complementan viene recogidos en los llamados "Objetivos de Andalucía" siguientes LEA/2006, art. 17:

    a) *La prevención y resolución pacífica de conflictos, así como los valores que preparan al alumnado para asumir una vida responsable en una sociedad libre y democrática.*

*d) La igualdad efectiva entre mujeres hombres, la prevención de la violencia de género y la no discriminación por cualquier condición personal o social.*

- **Área curricular de Educación Física.**

La coeducación la **relacionamos** con los siguientes objetivos:

4. *"Adquirir, elegir y aplicar principios y reglas para resolver problemas motores y actuar de forma eficaz y autónoma en la práctica de actividades físicas, deportivas y artístico expresivas".*

Se pretende desarrollar en niños y niñas **actitudes positivas** y capacidades para discernir diferentes comportamientos, favoreciéndose los de **cooperación, participación, ayuda y solidaridad**. Implica suscitar en el alumnado **análisis reflexivos** en torno a las posibles situaciones que pueden producirse en la práctica de la educación física y la adopción de actitudes derivadas de las mismas, evitando aquellas consideradas agresivas y sexistas en actividades competitivas, y profundizando en la vivencia interiorización de los objetivos propuestos: mal **reparto de roles**; uso del **lenguaje** de forma no respetuosa; uso del **currículo oculto**; **materiales curriculares** con tendencias sexistas.

*O.EF.5 Desarrollar actitudes y hábitos de tipo cooperativo y social basados en el juego limpio, la solidaridad, la tolerancia, el respeto y la aceptación de las normas de convivencia ofreciendo el diálogo en la resolución de problemas y evitando discriminaciones de género, culturales y sociales.*

Se deberá **evitar la selección** o distribución de juegos y actividades físicas en función de **criterios sexistas**.

*O.EF.3. Utilizar la imaginación, creatividad y la expresividad corporal a través del movimiento para comunicar emociones, sensaciones, ideas y estados de ánimo, así como comprender mensajes expresados de este modo.*

Con este objetivo se contribuye a un desarrollo de la responsabilidad y del **respeto hacia el cuerpo de los demás**, fomentando actitudes y hábitos que inciden positivamente en la **salud individual y colectiva**: sensibilidad, valoración de la belleza, delicadeza, habilidad corporal, agilidad... **sin tener en cuenta si se es chica o chico**.

- **Contenidos del área de Educación Física.**

Debemos tener en cuenta los siguientes aspectos, sobre todo relacionados con las **actitudes**, aún como sabemos tienen una aplicación **global**:

- Desarrollo mediante la práctica habitual del juego actitudes y hábitos cooperativos y sociales, basados en la solidaridad, la tolerancia, el respeto y la aceptación de las normas de convivencia.
- Actitud de convivencia, integración, comunicación social y creatividad a través de la práctica deportiva educativa.
- Trabajos sobre la actitud de unión en el equipo mixto como grupo de cohesión.
- Integración de actividades y situaciones que interesen y motiven por igual a niños y niñas.

- Trabajos hacia la tolerancia en errores de los demás, evitando descalificaciones.
- Fomento en el trabajo con objetivos deportivos, no con objetivos de dominio ni competencia, sino de capacidad del grupo de iguales.
- Cuidado para que la selección y uso de los materiales deportivos sea equitativo, evitando el acopio o empleo exclusivo por parte de niños o niñas.
- Introducción de actividades físicas que permitan similares niveles de ejecución, sin grandes diferencias entre los subgrupos de la clase.
- Valoración más prioritaria del esfuerzo, equilibrio personal y bienestar físico que la fuerza o la velocidad.

Independientemente de ello, uno de los contenidos las **Enseñanzas Transversales** trata sobre "**igualdad real y efectiva entre hombres y mujeres**".

- **Metodología.**

Coeducar no es compatible con cualquier tipo de metodología. Existen estilos de enseñanza poco acordes con un enfoque coeducativo; son aquellos que están basados en la imposición de los puntos de vista de los educadores/as como los únicos acertados. Existen líneas metodológicas coeducativas, como vemos ahora con más detalle:

- **Partir del análisis crítico de la realidad y de las ideas previas del alumnado**.

Por ejemplo, realizar sondeos, encuestas, cuestionarios o, simplemente, **fomentar la libre expresión** de las ideas infantiles sobre estos temas en las conversaciones de aula son algunas de ellas.

- **Partir de situaciones compartidas**.

Se trata de partir de situaciones vividas conjuntamente, de problemas reales, de situaciones cotidianas que permiten realizar un análisis con referentes comunes. Por ejemplo, problemas en la **distribución de funciones** (recoger la clase, trasladar objetos pesados, etc.). La realización de una excursión, la celebración de una fiesta o la preparación de una obra de teatro son, sin duda, momentos privilegiados para abordar la distribución de papeles generalmente asignados con un carácter sexual y, sobre todo, para promover marcos de relación alternativa. En este mismo sentido, debemos estimular situaciones de **liderazgo de ellas en grupos mixtos** y **vigilar** la posible **agresividad en ciertos juegos deportivos**.

- **Participación en la elaboración y discusión de normas y valores**.

En la construcción de un clima de aula auténticamente coeducativo, la participación activa de niños y niñas juega un papel decisivo. Las posibilidades de intervención del alumnado son muy amplias, ya desde los primeros niveles de la Educación Primaria, y abarcan desde la fijación de algunas normas muy elementales que regulan la convivencia en clase, a la discusión de principios y valores más generales. Habilidades tales como el **diálogo, la discusión en grupo, la búsqueda del consenso**, etc. se desarrollan en aquellas ocasiones en las que se requiere participación a niños y niñas.

- **La actividad lúdica y la formación de grupos**.

En el juego se proyectan los estereotipos y modelos imperantes en una comunidad determinada. El **grado de agresividad**, el tipo de relaciones entre las personas de distinto sexo, el carácter autoritario de determinadas instituciones, etc. son algunos de los aspectos que se encuentran reflejados en las situaciones lúdicas.

Los juegos tradicionales reflejan las estructuras sociales y los roles de género. En este sentido, es importante la recuperación del juego tradicional, con sus valores positivos, pero teniendo en cuenta un análisis crítico desde la perspectiva de género e introduciendo cambios que conduzcan a aprender a jugar en igualdad (Ruiz, 2007).

Procuraremos que niños y niñas **compartan juegos**, evitando la formación de **grupos cerrados** y que **vetemos** la participación de una persona **por razón de su sexo**. Los agrupamientos espontáneos donde se den **casos de segregación** podemos tomarlos como referentes para hacer un **análisis** más detallado de los mismos, insistiendo en la necesidad de facilitar la integración de niños y niñas en los mismos. Es ideal **promover grupos de trabajo cooperativos**.

La confluencia en un grupo-clase de niños y niñas no implica a priori la formación de sub grupos de ambos sexos. En muchas ocasiones, si no estamos atentos, se refuerzan las imágenes de la feminidad y la masculinidad con independencia de las formas de agrupación (Piedra, 2010).

- **Importancia del ambiente y los espacios**.

El entorno escolar jamás es neutro. En el caso concreto de la coeducación es muy relevante conocer cómo se caracterizan los distintos entornos escolares, qué conductas promueven y si en ellos se potencian situaciones discriminatorias.

La **distribución de los espacios** (¿qué espacios se conceden a las **actividades típicamente masculinas**, por ejemplo jugar al fútbol y cuáles a las femeninas?), su distribución, su calidad (espacios seguros versus espacios inseguros), los tipos de agrupamientos, etc. son algunos aspectos sobre los que se requieren estudios detallados y propuestas alternativas.

Por otro lado, **los chicos**, dado su mayor dinamismo y agresividad habitual, suelen "copar" más y **mejores espacios**, relegando a las chicas a otros espacios más marginales.

- **Los recursos materiales**.

Si en nuestro centro disponemos de materiales curriculares tales como **libro o cuaderno**, debemos tener en cuenta que muchos de estos suelen **transmitir los modelos sociales dominantes** contribuyendo a reproducir sesgos, estereotipos y prejuicios sexistas, clasistas y racistas. Por ejemplo, imágenes, lenguaje, temáticas, enfoques, etc. (Alonso, 2008). Por todo ello debemos tener mucho cuidado a la hora de elegirlos y corregirlos en caso de ya tenerlos al uso. Tal es su importancia que la C.E.J.A. tiene establecido los premios "Rosa Regás" dirigidos al profesorado y empresas editoras, con el objetivo de promover la elaboración y difusión de materiales curriculares coeducativos. Por otro lado, debemos combatir que los chicos siempre escojan los mejores materiales y que las chicas cojan las sobras.

- **Propuesta coeducativa en Educación Física a través de las actividades.**

La acción de la sociedad incita a la práctica de determinadas actividades físicas tanto en la mujer como en el hombre (Gutiérrez, 1995). Por ejemplo, el fútbol tiene tradicionalmente una participación casi exclusiva de niños que, incluso, no permiten que las niñas intervengan. Al contrario podemos decir de actividades relacionadas con el aeróbic, ritmo y expresión. Nuestra posición debe ser **introducir** estas actividades para ambos sexos desde los **primeros cursos**, es decir, juegos donde participan ellas y ellos como una situación **normal** y **habitual**, neutralizando así toda carga ideológica. Esto lo debemos hacer extensible a los talleres deportivos durante el horario extraescolar. En resumen, nunca separar las actividades por razón de sexo.

Por otro lado están las actividades **neutras**. Son aquellas en las que no existe ningún tipo de presión para que niña o niño las realice. Se consideran neutras por diversas causas, como que sean de reciente creación y aún no están "contaminadas" por un sesgo sexista (nuevos móviles) o porque su práctica se dé en un grupo social sensibilizado con temas de coeducación. Otras actividades se iniciaron con un determinado matiz discriminatorio y la evolución de todo el contexto social terminó por darles un carácter igualitario, como la mayoría de los juegos populares, deportes individuales y colectivos, actividades en el medio natural, juegos alternativos, etc.

Debemos postular estrategias de acción para **evitar roles pasivos o de acompañamiento** que suelen tener las niñas en determinadas especialidades deportivas. Es conveniente el uso indistinto de modelos femeninos y masculinos en la enseñanza del deporte, no tratando de identificar las consideradas masculinas con los niños y viceversa.

- **Evaluación.**

La **evaluación** nos debe permitir una individualización de los logros, el progreso personal del alumnado y llevar un registro de la evolución de las actitudes y comportamientos relativos a la Igualdad de Oportunidades. Por ejemplo, los criterios:

C. 9. *"Opinar coherentemente con actitud crítica tanto desde la perspectiva de participante como de espectador, ante las posibles situaciones conflictivas surgidas, participando en debates, y aceptando las opiniones de los demás".*

Se observará la participación activa en el juego y se tendrán en cuenta aquellos aspectos que permiten la construcción de **buenas relaciones** con compañeros y compañeras como pueden ser el **respeto por las normas** y la aceptación de distintos roles así como la **ausencia de discriminaciones** de cualquier tipo entre las personas participantes.

C. 13. *"Demostrar un comportamiento personal y social responsable, respetándose a sí mismo y a los otros en las actividades físicas y en los juegos, aceptando las normas y reglas establecidas y actuando con interés e iniciativa individual y trabajo en equipo".*

> La plena participación en el juego vendrá condicionada por un conjunto de habilidades motrices y sociales. Por un lado, se observará el **grado de eficacia motriz y la capacidad de esforzarse** y aprovechar la condición

física para implicarse plenamente en el juego. Por otro, se atenderá a las **habilidades sociales** (respetar las normas y reglas previamente consensuadas, tener en cuenta a las demás personas, evitar discriminaciones y actitudes de rivalidad fundamentadas en estereotipos y prejuicios, etc.) que favorecen las buenas relaciones entre los participantes. La importancia del **trabajo en equipo**, la satisfacción por el propio esfuerzo, el juego limpio y las relaciones personales que se establecen mediante la práctica de juegos y actividades deportivas, por encima de los resultados de la propia actividad (ganar o perder) y **si juega tanto con niños como con niñas de forma integradora**.

Debemos emplear técnicas de observación y de **recogida de datos** para analizar las actitudes entre el alumnado. La auto observación de nuestra propia actuación didáctica y de las interacciones que tenemos con nuestro alumnado también nos dará datos interesantes. El análisis de la dinámica del grupo nos permite detectar actitudes contrarias a la participación igualitaria.

- **El papel del profesorado en la corrección de estereotipos.**

La escuela y el profesorado deben intervenir para intentar **modificar las tendencias** y ofrecer modelos diferentes al niño y a la niña, en función de las intencionalidades educativas. Aunque en los últimos años hemos avanzado en este sentido, debemos insistir en las ventajas que también tiene para el organismo femenino el esfuerzo físico (VV. AA., 2010).

En la **comunicación verbal** debemos utilizar equilibradamente **expresiones** masculinas y femeninas y sustituir el masculino generalizado por el **género neutro** (alumnado por alumno), y eliminar expresiones que refuercen el estereotipo (pareces una bailarina).

El profesorado debe tomar conciencia de su responsabilidad como agente de cambio, empezando él mismo por variar su mentalidad explicitando en el Proyecto Educativo objetivos y acciones educativas concretas encaminadas a la igualdad y a eliminar las desigualdades por razón de sexo.

En este sentido, en Educación Física, se encuentra bastante extendida la mentalidad **biologicista** para explicar las diferencias en función de sexo, sin tener en cuenta que éstas no tienen tanto una base biológica como cultural y antropológica. Esta influencia lleva al profesorado a tener un sentimiento casi determinista respecto a las posibilidades de éxito de las mujeres.

Respecto a la planificación de actividades de enseñanza y aprendizaje es frecuente que se haga pensando en «un alumno medio» como punto de referencia, en lugar de tomar a la entidad individual y evaluando desde el punto de partida, consigo mismo, para después evaluar a cada alumno/a por el grado de similitud o discrepancia con ese modelo. En el área de Educación Física esta situación se agrava porque el **modelo** suele ser del género **masculino**, produciendo una mayor motivación en el colectivo de chicos que en el de chicas. Además, al observar que a iguales propuestas se produce una desigual respuesta, parte del profesorado consolida sus prejuicios previos justificándose en la diferencia de motivación, con lo que se refuerzan las desigualdades.

Así pues, coeducación hoy día significa buscar nuevas vías de intervención educativa para desarrollar relaciones de género más igualitarias, corregir los nuevos desajustes que se están produciendo y que son producto de la convivencia de modelos de género anacrónicos con nuevos modelos más igualitarios (Lomas, 2004).

Numerosos **proyectos de coeducación** se están llevando a cabo en Andalucía en centros de infantil, primaria y secundaria. Suelen tener una incidencia evidente, aunque los cambios suelen ser muy lentos, como es habitual en los procesos de innovación y mejora. Las actividades se desarrollan en el ámbito de la organización escolar (aula, tutoría, actividades extraescolares). Algunos ejemplos de contenidos están relacionados con la implicación de la familia y el entorno social en el proyecto, uso del lenguaje no sexista en el aula y en la comunicación con la familia, diagnóstico de género en el centro, la diversidad de las familias: los roles establecidos, producción de materiales e intercambio de experiencias, recursos y proyectos con otros centros: red de coeducación (VV. AA., 2006 b).

Precisamente, el Decreto 19/2007, por el que se adoptan medidas para la promoción de la Cultura de Paz y la Mejora de la Convivencia en los Centros Públicos de Andalucía, establecen una serie de medidas correctoras disciplinarias en caso de darse episodios de falta de respeto, consideración, etc., aunque priorizando la **prevención**.

También debemos hacer referencia a la Resolución de 26/09/2007, sobre los protocolos de actuación que deben seguir los centros educativos ante supuestos de acoso escolar, agresión hacia el Profesorado o el Personal de Administración y Servicios, o maltrato infantil.

En la Orden de 10 de agosto de 2007, por la que se desarrolla el currículo correspondiente a la Educación Secundaria Obligatoria en Andalucía. B. O. J. A. nº 171, de 30/08/2007, una de las materias optativas de Secundaria es "**Cambios sociales y género**", que trata profusamente esta temática.

## CONCLUSIONES

Históricamente la mujer ha sido discriminada en la educación en general y en la educación física y el deporte en particular. Esto debería estar superado hoy, pero el currículum oculto sigue estando presente en muchos centros.

Debemos que ser conscientes de la responsabilidad que tenemos con el alumnado para fomentar la igualdad de oportunidades entre ambos sexos y, para ello, fomentaremos la reflexión conjunta entre docentes y establecer las medidas oportunas en el 2º y 3º nivel de concreción curricular para conseguir este objetivo.

La escuela debe tratar que cada niña y niño pueda dar un sentido pleno a su identidad sexual. Esto significa también aprender que, entre los dos sexos, es posible y necesaria una relación de autonomía y de intercambio, no de derivación o de subordinación. Para ello es preciso ofrecerles referencias masculinas y femeninas que les sirvan de apoyo y orientación para estar libremente en la escuela.

Debemos ser un profesional reflexivo y analizar diariamente el comportamiento en el aula, evitando los estereotipos y conductas sexistas que podemos transmitir, la mayoría de las veces de forma inconsciente, al alumnado durante las clases. Tendremos en cuenta que en el contexto familiar y social se están reproduciendo constantemente modelos sexistas, por tanto, no debemos limitarnos a no transmitir éstos, sino que debemos promover una actitud crítica en los discentes respecto a la abolición de dichos estereotipos.

## BIBLIOGRAFÍA

- ALONSO HERNÁNDEZ, C. (2008). *Hagamos visibles a las mujeres: materiales didácticos para la igualdad*. Instituto Andaluz de la Mujer. Sevilla.
- ALONSO HERNÁNDEZ, C. (2008). Textos del número de marzo 2008. Revista Coeducación. Instituto Andaluz de la Mujer. Sevilla.
- ALONSO RUEDA, J. (2010). Coeducando en Educación Física. Wanceulen. Sevilla.
- BLANCO, N. (2007). *Coeducar es preparar para la libertad*. Revista Andalucía Educativa, nº 64, diciembre 2007, pp. 24-27. C. E. J. A. Sevilla.
- CAÑIZARES, J. Mª y CARBONERO, C. (2008). *Programación Didáctica en Educación Física. Guía para su realización*. Wanceulen. Sevilla.
- CAÑIZARES, J. Mª y CARBONERO, C. (2008). *Unidades Didácticas en Educación Física. Guía para su realización*. Wanceulen. Sevilla.
- CARRASCO, I. y RINCÓN, J. C. (2009). *60 Fichas de cooperación*. Wanceulen. Sevilla.
- CASTAÑO, C. (2009). *Los usos de Internet en las edades más jóvenes: algunos datos y reflexiones sobre hogar, escuela, estudios y juegos*. Participación Educativa, nº 11, págs. 73-93. Consejo Escolar del Estado. M. E. C. Madrid.
- DÍAZ, J. (2005). *La evaluación formativa como instrumento de aprendizaje en Educación Física*. INDE. Barcelona.
- FERNÁNDEZ GARCÍA, E. -coord.- (2002). *Didáctica de la educación física en la educación primaria*. Síntesis. Madrid.
- FERNÁNDEZ GARCÍA, E. -coord.- (2010). *Guía PAFIC*. Ministerio de Igualdad. U. Complutense. Madrid.
- GARCÍA FERRANDO, M. (1997). *Los españoles y el deporte (1980-1995): un análisis sociológico sobre comportamientos, actitudes y valores*. CSD y Tirant lo Blanch. Madrid y Valencia.
- GONZÁLEZ BADILLO, J. J. y GOROSTIAGA, E. (2002). *Fundamentos del entrenamiento de la fuerza*. INDE. Barcelona.
- GUTIÉRREZ, M. (1995). *Valores sociales y deporte. La actividad física y el deporte como transmisores de valores sociales y personales*. Gymnos. Madrid.
- JIMÉNEZ, R. (2002). *Análisis de la coeducación en las clases de educación física. Propuestas didácticas para una intervención no sexista en el contexto educativo*. Revista "Habilidad Motriz", nº 18, págs. 39-47. C.O.P.L.E.F.A. Córdoba.
- JUNTA DE ANDALUCÍA (1990). *Plan de Igualdad de Oportunidades de Andalucía*. Acuerdo del Consejo de Gobierno de la Junta de Andalucía del 30/01/1990. Sevilla.
- JUNTA DE ANDALUCÍA, CONSEJERÍA DE EDUCACIÓN Y CIENCIA, INSTITUTO ANDALUZ DE FORMACIÓN Y PERFECCIONAMIENTO DEL PROFESORADO. (1992). *Temas Transversales del Currículum. Coeducación*. Autoras, Sánchez, J. y Rizos, R. Sevilla.
- JUNTA DE ANDALUCÍA. (1999). *Decreto 85/99, de 6 de abril, por el que se regulan los Derechos y Deberes de Alumnos y las normas de convivencia de los Centros Docentes públicos y privados concertados*. B.O.J.A. 24/04/1999.
- JUNTA DE ANDALUCÍA. (2005). *I Plan de Igualdad entre Hombres y Mujeres en Educación*. Acuerdo del Consejo de Gobierno, 2/11/2005.
- JUNTA DE ANDALUCÍA. (reed. 2007). *I Plan de Igualdad entre Hombre y Mujer en Educación*. Consejería de Educación. Sevilla.
- JUNTA DE ANDALUCÍA. (2007). *Ley 12/2007, de 26/11/2007, sobre medidas de prevención y protección integral contra la violencia de género*. Sevilla.
- JUNTA DE ANDALUCÍA (2006). *Orden de 15 de mayo de 2006, por la que se regulan y desarrollan las actuaciones y medidas establecidas en el I Plan de

*Igualdad entre Hombres y Mujeres en Educación.* B.O.J.A. nº 99, de 25/05/2006.
- JUNTA DE ANDALUCÍA. (2007). *Decreto 19/2007, por el que se adoptan medidas para la promoción de la Cultura de Paz y la Mejora de la Convivencia en los Centros Públicos de Andalucía.* B.O.J.A. nº 25, de 02/02/2007.
- JUNTA DE ANDALUCÍA (2007). *Resolución de 26 de septiembre de 2007, de la dirección General de Participación y solidaridad en la Educación, por la que se acuerda dar publicidad a los protocolos de actuación que deben seguir los centros educativos ante supuestos de acoso escolar, agresión hacia el Profesorado o el Personal de Administración y Servicios, o maltrato infantil.* B. O. J. A. nº 224, de 14/11/2007.
- JUNTA DE ANDALUCÍA (2007). *Ley 17/2007, de 10 de diciembre, de Educación de Andalucía (L. E. A.).* B. O. J. A. nº 252, de 26/12/07.
- JUNTA DE ANDALUCÍA (2015). *Orden de 17 de marzo de 2015, por la que se desarrolla el currículo correspondiente a la educación Primaria en Andalucía.* BOJA nº 60 de 27/03/2015.
- JUNTA DE ANDALUCÍA (2015). *Decreto 97/2015, de 3 de marzo, por el que se establece la ordenación y el currículo de la educación Primaria en la comunidad Autónoma de Andalucía.* BOJA nº 50 de 13/03/2015.
- JUNTA DE ANDALUCÍA (2010). *Decreto 328/2010, de 13 de julio, por el que se aprueba el Reglamento Orgánico de las escuelas infantiles de segundo grado, de los colegios de educación primaria, de los colegios de educación infantil y primaria, y de los centros públicos específicos de educación especial.* BOJA nº 139, de 16/07/2010.
- JUNTA DE ANDALUCÍA. (2016). *Acuerdo de 16 de febrero de 2016, del consejo de Gobierno, por el que se aprueba el II Plan Estratégico de Igualdad de Género en educación 2016-2021.* BOJA nº 41, de 02/03/2016.
- LASAGA, Mª J. y RODRÍGUEZ, C. (2006). *La Coeducación en la educación Física y el deporte Escolar: Liberar Modelos.* Wanceulen. Sevilla.
- LEY ORGÁNICA 1/2004, de 28 de diciembre, de Medidas de Protección Integral contra la Violencia de Género. B.O.E. de 28/12/2004.
- *Ley Orgánica 3/2007, de 22 de marzo, para la igualdad efectiva de mujeres y hombres.* B. O. E. nº 71, de 03/03/2007.
- LOMAS, C. (2004). *Los chicos también lloran: identidades masculinas, igualdad entre los sexos y coeducación.* Ediciones Paidós Ibérica. Barcelona.
- MARÍN, Mª J. (2007). *Género y Formación del Profesorado.* Revista Andalucía Educativa, nº 64, diciembre 2007, pp. 31-33. C. E. J. A. Sevilla.
- M. DE CULTURA. INSTITUTO DE LA MUJER (1988). *Manual de acción: cómo llevar a la práctica la igualdad entre los sexos.* Comisión de las Comunidades Europeas. Serie Documentos, núm. 1. Madrid.
- M.E.C. (2013). *Ley Orgánica 8/2013, de 9 de diciembre, para la mejora de la calidad educativa.* BOE Nº 295, de 10/12/2013.
- M.E.C. (2014). *R. D. 126/2014, de 28 de febrero, por el que se establece el currículo básico de la Educación Primaria.* B.O.E. nº 52, de 01/03/2014.
- M.E.C. (1987). *El sexismo en la enseñanza.* Serie Coeducación, Colección Documentos y Propuestas de Trabajo. Madrid.
- M. E. C. (2006). Ley Orgánica 2/2006, de 3 de mayo, de Educación (L. O. E.). B.O.E. nº 106, (04/05/2006), modificada en varios artículos por LOMCE/2013.
- M.E.C. *ECD/65/2015, O. de 21 de enero, por la que se describen las relaciones entre las competencias, los contenidos y los criterios de evaluación de la educación primaria, la educación secundaria obligatoria y el bachillerato.* B.O.E. nº 25, de 29/01/2015.
- M.E.C. (1992). *Educación para la igualdad de oportunidades de ambos sexos.* Transversalidad. SGT. Madrid.

- MORENO, J. A. y MARTÍNEZ, C. (2011). *Guía para una práctica deportiva igualatoria*. INDE. Barcelona.
- PIEDRA, J. (2010). *El profesorado de Educación Física como Agente en la Coeducación: Actitudes y Buenas Prácticas para la Construcción de Género en la Escuela*. Tesis doctoral. U. de Sevilla, F. de CC. de la Educación.
- PIEDRA, J. (2016). *Deporte y género. Manual de iniciación*. INDE. Barcelona.
- RUIZ, C. (2007). *Nuevas formas de jugar*. Instituto Andaluz de la Mujer. Sevilla.
- SOLSONA, N. y otras. (2005). *Aprender a cuidar y a cuidarnos. Experiencias para la autonomía y la vida cotidiana*. Octaedro. Barcelona.
- SUBIRATS, M. y BRULLET, C. (1988). *La transmisión de los géneros en la escuela mixta*. M. de Cultura, Instituto de la Mujer.
- SUBIRATS, M. (1995). *Mujer y educación: de la enseñanza segregada a la coeducación*. Instituto de la Mujer. Madrid.
- SUBIRATS, M. (2009). *La escuela mixta ¿garantía de coeducación?* Participación Educativa, nº 11, págs. 94-97. Consejo Escolar del Estado. M. E. C. Madrid.
- TRIGO, E. y PIÑERA, S. (2000). *Manifestaciones de la motricidad*. INDE. Barcelona.
- VÁZQUEZ, B, y ÁLVAREZ, G. -coords.- (1990). *Guía para una Educación Física no Sexista*. Secretaría de Estado de Educación. Dirección General de Renovación Pedagógica. M. E. C. Madrid.
- VÁZQUEZ, B. (1996) *La Educación Física y Coeducación* en GARCÍA DE LA HOZ, V. *Personalización en la Educación Física*. Rialp, S.A. Madrid.
- VÁZQUEZ, B. (2000). *Educación Física y género. Modelo para la observación y el análisis del comportamiento del alumnado y del profesorado*. Instituto de la Mujer. Madrid.
- VICIANA, J. (2002). *Planificar en Educación Física*. INDE. Barcelona.
- VIEITES, C. y MARTÍNEZ, L. (2009). *Ciento treinta actividades para coeducar. Una propuesta para incorporar la igualdad en la escuela*. Revista "Participación Educativa", nº 11, julio 2009. Consejo Escolar del Estado. M. E. C. Madrid.
- VILANOVA, A. y SOLER, S. (2012). *La coeducación en la educación física en el siglo XXI*. Revista Tándem. Nº 40, pp. 75-83. Graó. Barcelona.
- VV. AA. (1996). *La construcción colectiva de la igualdad*. C.E.J.A. Junta de Andalucía. Sevilla.
- VV. AA. (2006). *Guía de buenas prácticas para favorecer la igualdad entre hombres y mujeres en educación*. Consejería Educación, Junta de Andalucía. Sevilla.
- VV. AA. (2006 b). *Revista Andalucía Educativa*. Nº 57, pp. 18-22. C. E. Junta de Andalucía. Sevilla.
- VV. AA. (2007). *Guía didáctica del profesorado. "¿Conoces a…?* Colección Plan de Igualdad 6. Consejería Educación, Junta de Andalucía. Sevilla.
- VV. AA. (2010). *La coeducación en la educación física del siglo XXI*. Wanceulen. Sevilla.
- ZAGALAZ, Mª L.; CACHÓN, J.; LARA, A. (2014). *Fundamentos de la programación de Educación Física en Primaria*. Síntesis. Madrid.

**WEBGRAFÍA** (Consulta en octubre de 2015).
http://www.juntadeandalucia.es/institutodelamujer/
www.juntadeandalucia.es/educacion/descargasrecursos/curriculo-primaria/index.html
www.adideandalucia.es

www.ingramcontent.com/pod-product-compliance
Lightning Source LLC
Chambersburg PA
CBHW080457170426
43196CB00016B/2852